EDITION POETICON

LUST
Odile Kennel

EDITION POETICON #16
3. Auflage 2023
ISBN 978-3-945832-47-9

© 2021 Verlagshaus Berlin
Chodowieckistraße 2 · 10405 Berlin
Alle Rechte vorbehalten.
www.verlagshaus-berlin.de

Essay: Odile Kennel
Lektorat: Jo Frank
Gestaltung & Satz: Andrea Schmidt
Schrift: Novel Pro, Veneer
Umschlag: 300 g/m² Maschinengraukarton GK1
Papier: 90g/m² Arena White Smooth
Druck: Gallery Print Berlin
Printed in Germany, 2023

Das Verlagshaus Berlin wurde mit dem Förderpreis des ersten Berliner Verlagspreises (2018) und mit dem Deutschen Verlagspreis (2019 und 2020) ausgezeichnet.

Alle Titel, die im Verlagshaus Berlin erscheinen, werden im Literaturarchiv Marbach, im Lyrik Kabinett München und in der Deutschen Nationalbibliothek archiviert.

LUST

———

ODILE KENNEL

Quem és? Perguntei ao desejo.
Respondeu: lava. Depois: pó. Depois: nada.

HILDA HILST

wie ich mich einmal in eines meiner Gedichte
verliebt habe

wie ein zittrig gefaltetes
Espenblatt trag ich
mein neues Gedicht unterm
Herzen, oder Hemd, jedenfalls
nah am Körper. Kontakt
zum Papier, tröstliche Textur, Trick
gegen Abwesenheit. Ich steig
vom Rad, geh in den Laden, es reibt
es knistert leicht, es stimmt mich
merkwürdig zufrieden. Könnte
auch ein Einkaufszettel sein! Ich kaufe:
munden, münden, Auftauch-Metapher.
Mäandere durch Regale, steh Schlange
zahle. Bitte Abstand halten!
Wofür Gedichte alles gut sind.
Ich möchte das neue Gedicht lesen
und lesen und lesen. Auf der Bank
beim Arzt, an der Ampel. Ich bin verliebt
in das neue Gedicht, ich nehm's mit
aufs Rad, in den Park, ins Bad.
Will es ständig anfassen!
Will's mit ins Bett nehmen!

LUST

Falte es am Ende des Tages einmal
zweimal viermal, falte es, bis es
unter die Zunge passt, bis das
Zittern nachlässt, bis es groß
genug ist und mich hält, bis es
mehrfach gefaltet am Körper
dem neuen Text Körper gibt

. . . .

und schon liegt die Unlust im Weg, mault: zur
Lust ist alles schon gesagt gehört geschrieben
worden, und jajaja, ich weiß, das Gedicht steht
dem Körper näher als die Prosa, weil die Stimme,
weil der Atem, weil der Klang, weil der Takt. Weil
es als abgegrenzter Körper auf der Seite oder dem
Bildschirm herumliegt, eine Skulptur, die Sprache
als Materie sichtbar macht, die man formen, an-
fassen, streicheln kann – mault: Ich kann's nicht
mehr hören! Was das Gedicht alles kann! Wie toll
es ist, das Gedicht! Und jetzt soll es auch noch Lust
haben, Lust bereiten, mir ist langweilig

und wer soll das sein, das Gedicht: die Nach-
barin mit dem roten Lippenstift, die schlechtge-
launte Bäckerin, ein Cabriolet?

ist es CO_2-neutral, das Gedicht? Kauft es bio
ein, vermeidet es Langstreckenflüge?

ist es ein Spielverderber?

mault: Du kriegst die Lust nicht ohne mich.

liegt im Weg, ah und oha, da liegen auch Freud und Lacan, *le désir est la passion du signifiant*, und schon vergnügen sie sich zu dritt auf dem Papier. Geht doch!, Unlust, sage ich, ça roule, ça roucoule, und schon rollen sie über den Boden, rollen aus dem Text

....

lustig, sage ich zur Unlust, alles lässt sich auf Französisch dekonstruieren, ein „dé(s)" vorm Wort genügt, déréalité, désintérêt, désamour … Nur dich bekomme ich so nicht aus dem Weg geräumt, dédésir, stottere ich, je te dédésire, ich unbegehre entbegehre abbegehre dich

kein großer Verlust!

ich geh mich verlustieren!

....

aber wo ist sie hergekommen, die Unlust? Warum der Widerwille des ersten Wortes? Weil es zu viel zu sagen gibt, weil ich Plattitüden fürchte? Oder weil ich fürchte, dass die Lust mir auf den Leib rückt, mir ans Leibchen will? Mich bloßstellt, mir Fragen stellt, was weiß ich was mit mir anstellt? Weil ich mich hinter ihr nicht verstecken, mich nicht losgelöst von meiner persönlichen Geschichte mit ihr auseinandersetzen kann? Aber kann ich mich überhaupt mit irgendetwas ohne meine persönliche Geschichte auseinandersetzen? *... eine andere Vergangenheit hab ich nicht.* Ich setz mich ganz weit weg! Ich rücke ganz nah ran! Wo ist sie hergekommen, die Lust, die Lust auf Welt, auf Körper, auf Text? Wann und weshalb hat sie mich überkommen? Was war der Preis? Was gebe ich preis? Wie viel Ich stecke ich in den Text?

überfordert vom Über, vom Über-mich

....

wie die Unlust überwinden? Nehme für den Anfang die Lust beim Wort, das selbst der Anfang des Erfassens ist, und schaue, wohin mich das führt. Nur dass die Lust sich nicht fassen lässt, immer nur angefasst werden will, sich auffächert zwischen Sprachen und Sinn, Begehren ist, désir Begierde plaisir Verlangen envie concupiscence Libido Freude passion Genuss Wunsch Vergnügen jouissance

lässt sich nicht festnageln, ist nicht niet-, nicht nagelfest, ist scharf auf die Unschärfe

kommt in der Unschärfe auf den Höhepunkt

jouis, oh sens multiplié!

ist der Raum zwischen zwischen Entfernung und Berührung, Verlangen und Erfüllung, Nichtgesagtem und Gesagtem, der Raum, der zwischen den Körpern bleibt, zwischen Text und Ding, zwischen den Zeilen, zwischen Text und Text in Übersetzung, ist das, was mich treibt von hier nach da, mich antreibt, *drahtloser Treiber*

will Sinne aber keinen Sinn, will Unverstand und will verstanden werden, will von Worten umkreist, umschmeichelt, umworben werden und weiß, sie kommen ihr immer nur nahe

die Lustlinie ist unberechenbar

....

Lust ist Sehnen, Streben, Mangel, ist das bereits bekannte, erhoffte, erwartete Noch-Nicht, ist drin, dabei, vielleicht zufällig, richtungslos, rhizomartig, nicht punktuell, genau am Ort

ist immer schon da im Gedicht, und ich bin der Hase

also zurückgehen vor das Gedicht, zurückgehen vor das erste Gedicht, zum Über-mich: Ich war zwölf, ich hing mit den Händen an einer Reckstange, ich schwang hin und her, nahm den Rhythmus des Schwingens ins Gedicht auf, das ich vor mich hersagte, bevor ich es aufschrieb, es ging um Sonne und Mond, Hell und Dunkel, um das Hin und Her des Lebens. Den genauen Text habe ich vergessen, der Zettel von damals liegt vielleicht in einer der Kisten auf dem Hängeboden. Aber ich erinnere mich an den Moment, an dem der Text sich im Kopf zu bilden begann, an ein richtungsloses Sehnen, ein Drängen, ein in der Welt sein wollen, sich die Welt einverleiben wollen, an das Gefühl, dass mein Körper nicht reicht für die Fülle der Welt, diese Überfülle, die berührt, beglückt, erschreckt. Auf die ich Lust hatte mit einer Heftigkeit, die mir Angst machte. Glücksmoment, Moment der Epiphanie und das Wissen um die Endlichkeit des Glücks. Der nicht benennbare Schmerz darüber. Den ich nur aushalten konnte, indem ich ihn in Worte bannte. Mein erstes Gedicht ging durch meinen Körper, der an dieser Stange im Takt schwang und auf seine wortlose Körperart verstand, dass er aus dem Paradies gefallen war, und das Ich in diesem Körper versuchte, im Gedicht das nicht Benennbare zu benennen, das nicht Aushaltbare auszuhalten

hänge bis heute an dieser Stange

hin und her

....

die Lust will vergessen, dass wir aus dem Paradies (oder wo auch immer *das Glück lagert*) gefallen sind, strebt nach Erfüllung, die kein Mehr mehr zulässt, nach dem paradiesischen Zustand des Einsseins, dem nie mehr Alleinsein, der Aufhebung von Zeit und Raum und Spaltung

das Lust empfindende Subjekt weiß, dass es keinen Weg zurück gibt ins Paradies, weiß um die Vergeblichkeit des Strebens nach Einssein – Sehnsucht nach völliger Auflösung, nach einem Glückszustand vor der Bewusstwerdung des Ichs – und weil der Schmerz um dieses Wissen nicht auszuhalten ist, wird es zum schreibenden (Kunst jeder Art produzierenden, spirituellen, trinkenden, drogenabhängigen usw.) Subjekt

na toll, ich wollte doch was Lustvolles schreiben!

stell dich nicht an, sagt der Schmerz, als hättest du nicht gewusst, dass ich immer der Anfang von allem bin

her und hin
hin und her
her und hin

....

ok, fassen wir zusammen

ohne Unlust keine Lust, keine Lust ohne Schmerz, kein Schmerz ohne Körper, ohne Körper keine Lust

alles ist Körper, jede innere und äußere Bewegung, jede Denkbewegung, alles geht durch den Körper

ohne Lust kein Text

alles ist Text, ohne Text kann die Welt nicht wahrgenommen, nicht erinnert, nicht in der Zukunft gedacht werden, *il n'y a pas de hors-texte*

wenn k↔w und t ↔w, folgt k↔t

schreiben ist ein körperlicher Akt, denken ist ein körperlicher Akt, sprechen ist ein körperlicher Akt, Wörter sind Material, das sich formen lässt, *with the hands in the Matsch*, der Text entsteht im Kopf, geht durch den Mund, ich lasse ihn auf der Zunge zergehen, er languiert lange auf meiner langue, die gespalten ist in mehrere langues, und schippert über die Lippen, mit denen ich dich gerade noch geküsst habe. Auch Brotbacken ist ein körperlicher Akt, ich knete den Text, ich knete den Teig, ich lege all meine Lust ins Brotbacken, ich füttere dich mit meinem Brot, ich lege es dir an die Lippen, schiebe es dir mit dem Finger in den Mund

wo kommt das Du jetzt auf einmal her?

und was unterscheidet das Brot vom Gedicht?

without words one may touch bread/ and be handed bread/ and make no sound

Brot backen ist keine Unmöglichkeit, sofern Mehl vorhanden ist, Wasser, ein funktionierender Ofen. Die Distanz zwischen Ding und Wort, zwischen Ich und Du aufzuheben schon

nie endende Annäherung ans Ding mit den Wörtern, unerreichbares Einssein von Wort und Ding, von mir und dir, *Asymptote/ die nie anlangt*

....

nie endende Annäherung an das Ding, das sich Gedicht nennt und selbst Körper ist, Skulptur, die ich betaste, befingere, deren Ränder ich forme, Wörter herumschiebe, weglasse, hinzufüge, ich streiche über das Papier, wende den Klang im Mund, schiebe ihn mir unter die Zunge, lecke daran, schmecke daran, probiere, prüfe, erprobe, werfe mich ran an den Text

Lust auf die Wörter, Begehren nach dem Unbekannten, gespanntes Bangen, haben die Wörter auch Lust auf mich? Hast du Lust auf mich? Wir umflirten uns, spielen Pingpong mit Worten, *ich kann/ diesen Tanz nicht lassen*, und nie weiß ich, wo ich hingelange, ob ich hinlange, ob der Text sich im Sande verläuft, oder der Flirt

qu'une phrase puisse être une personne et venir à moi sous son nom en excitant mon corps jusqu'au bout de mes seins

exciter: herauszitieren, mit Worten herauslocken

ob ich berührt werde, angeregt, erregt von den Worten eines Gedichts, von deinen Worten in einer Bar, einem Brief, am Telefon, Worte locken, lecken, streicheln, erregen

je frotte mon langage contre l'autre. C'est comme si j'avais des mots en guise de doigts, ou des doigts au bout de mes mots

im besten Fall langt es, man hangelt sich an den Worten entlang zum anderen Körper, zum Gedichtkörper, Begehren entsteht aus Text, Text entsteht aus Begehren, ich kann den Gedichtkörper nicht von deinem Körper unterscheiden, die Wörter nicht von der Lust auf dich, und die Lust auf dich nicht von der Lust auf die Wörter, beim Sex flüstern wir, rufen wir, wimmern bitten flehen betteln

der sexuelle Akt ist ein zutiefst semantischer

auch das Gedicht bettelt, will Sinne, will über-
quellen, will saftig sein, sich suhlen, spritzen,
nicht herumsitzen, das Gedicht will, dass die
Wörter ganz dicht aneinander heranrücken, sich
aneinander reiben, einander hinterhersteigen

das Gedicht fühlt sich flatterig, flattert, fluk-
tuiert, es lässt sich auf der Seite nieder, ahh, wie
es da liegt, sich räkelt, fläzt, wie schön es ist! Seine
ausgefransten Linien wie struppiges Haar, wie
Vulvahaar!

j'ai besoin de ce corps sans bord sur la page,
j'ai besoin de déborder, ich überborde, geh über
Bord, balanciere auf dem Bordstein

suche nach einer Sprache der Körperlichkeit,
nach einer Sprache für etwas, das keine Sprache
hat außer der Körpersprache, für einen Körper,
der nie passt, nicht in der Anpassung, nicht in
der Unangepasstheit, kein Kostüm sitzt so richtig,
immer schaut etwas heraus, steht über

wie die Zeilen meiner Gedichte

mein Körper verweigert sich dem Sonett, der
Sestine, der Regel, erträgt keinen geordneten
Anblick auf der Seite, fühlt sich von strengen
Formen bedrängt, eingeengt, eingeschränkt,

entfaltet sich in Klang und Anklang, Rhythmus, Reim

   t ↔ k

....

verweigert sich dem Geschlecht

Lust hat kein Geschlecht. Sie entsteht in einem Körper mit Geschlecht, selbst ist die Lust aber ununterscheidbare Lust

ich will Lust schreiben ohne Geschlecht. Ein Körper, in dem sie aufsteigt, sich zeigt, weist auf Achselhöhlen Anus Bauch Brüste Damm Fingerspitzen Füße Haare Hände Hinterkopf Hintern Hoden Kehle Klitoris Knie Lippen Nabel Nacken Nippel Ohren Penis Rachen Schultern Vagina Vorderarme Vulva Zunge. Ein Körper, der einen anderen Körper begehrt, der so oder so beschaffen, am Ende womöglich das Gedicht ist

was ist denn des Gedichts Geschlecht? Was soll das überhaupt sein, ein Geschlecht?

bis heute nicht verstanden, was das heißen soll, „Frau sein". Sein. Fühlt sich nicht an. Es wurde und wird mir von außen übergestülpt. Hier, seien Sie! Nehmen Sie das Bündelchen! Nehmen Sie die Bürde auf sich, Sie werden nicht gefragt

sehr wohl verstanden, dass ich als Frau gemeint bin, wenn ich als Flaneurin über eine grüne Fußgängerampel schlendere und ein Rechtsabbieger mich beschimpft mit „mach mal hinne, du Fotze", weil er es nicht erträgt, dass ich mir Zeit und Raum nehme; verstanden, dass ich die bin, die in fast allen Krimis stirbt (drehen wir das mal um; von nun an sterben in Krimis serienweise Männer, ermordet von Frauen, nur weil sie Männer sind); die auch außerhalb des Films Gefahr läuft, misshandelt, vergewaltigt, ermordet zu werden

wohl wissend, dass Frauen ihres Körpers, ihrer Lust mit Gewalt enteignet werden. Dass Lust nicht selbstverständlich sein kann in einer sexistischen Gesellschaft

aber mich als Frau fühlen, mich als Sternanis fühlen, mich als Bleistift fühlen, als Papier, als Bier?

Körperteile und -regionen, die mir Lust bereiten. Sind es nicht diese, sind es andere. Davon lässt sich nichts ableiten

der begehrende Körper
der aufbegehrende Körper

....

in einer Jury geht ein Juror selbstverständlich davon aus, dass das Begehren im Gedicht an einen Geliebten gerichtet ist, ohne dass das grammatikalisch ableitbar wäre

ich gehe bei der Lektüre von 2666 selbstverständlich davon aus, dass Quincy Williams weiß ist, bis beiläufig erwähnt wird, er sei Schwarz

weil alles, was von der Norm abweicht, benannt werden muss. Weil die Norm sich zwar dank der Konstruktion des „Anderen" konstituiert, dann aber so tut, als hätte sie mit dieser Konstruktion nichts zu tun. Als gäbe es sie um ihrer selbst Willen. Die Norm redet ununterbrochen von sich und tut, als sei sie nicht der Rede wert

die Norm macht sich unsichtbar, indem sie sich ununterbrochen redend verschweigt, verschweigt aber das Andere, das ja konstituierend für die Norm ist, die aber auf keinen Fall will, dass man das merkt

tut, als bräuchte sie niemanden außer sich

will das Andere sichtbar werden, muss es sich erst einmal selbst finden in der Unsichtbarkeit (es weiß ja, dass es existiert. Aber wo? Wie?), muss sich benennen. Die Norm reagiert darauf pikiert, erhebt den Zeigefinger, zeigt von sich weg: Befindlichkeitsliteratur! Betroffenheitsliteratur! Intimismus!

als wäre sie nicht permanent betroffen, anzutreffen auf allen Festen!

wie kann das Gedicht die Norm zum Sprechen bringen?

indem es die Abweichung nicht benennt? Die Selbstverständlichkeit für sich beansprucht, die sonst die Norm für sich gebunkert hat? Überraschung, es war eine Frau, eine Schwarze Person, ein·e Jüd·in, eine Person mit Mihi, eine Person mit Behinderung. Wenn man scheinbar selbstverständliche Anordnungen umdreht und feststellt, dass die Vorstellung an der Darstellung abprallt, hat man Ungleichstellung bloßgestellt. Zum Beispiel ist die Vorstellung einer U-Bahn, in der Frauen breitbeinig und mit auf den Lehnen ausgebreiteten Armen sitzen und Männer die Beine schamvoll übereinanderschlagen, komisch, also ist die gewohnte, „normale" Anordnung hierarchisch, gewaltvoll

oder indem es die ordentlichen Schubladen mit den säuberlich aufgeteilten Körperwörtern herauszieht, umdreht, ausleert? Von wegen, die

einen ins Töpfchen, die anderen ins Kröpfchen –
alles auf einen Haufen! Ein schönes Durcheinander! Ich will keine Wörter der Differenz für
meinen Körper, keine Extra-Wörter für meinen
Körper beim Sex, picke mir heraus: Erektion,
penetrieren, ejakulieren, nehmen, ficken – mit
meiner Klitoris, meiner Vagina, meinen Fontänen, meinen Fingern

lade ein, nehme auf, umfasse, umschließe,
zirkumkluiere

begehre mein·e dein·e Achselhöhlen Anus
Bauch Brüste Damm Fingerspitzen Füße Haare
Hände Hinterkopf Hintern Hoden Kehle Klitoris Knie Lippen Nabel Nacken Nippel Ohren
Penis Rachen Schultern Vagina Vorderarme
Vulva Zunge dich mich Narzissen Daphodiles,
Blumensex?

ermächtige mich

verdreh der Sprache den Kopf, rücke den
weiblichen Körper ins Zentrum der Vergleiche:
der Penis ähnelt der Klitoris
im Aufbau und ist im Grunde
eine nach außen gestülpte
Klitoris. Analog zur weiblichen
Eichel gibt es eine männliche

Eichel (sowie Schaft und Schwell-
körper). Auch Männer
ejakulieren – im Gegensatz
zur Klitoris, die als einziges
Organ nur der Lust dient, dient
der Penis auch der Reproduktion
und Ausscheidung

bin schaulustig, lenk meinen Blick zum An-
blick, dann nehme   ich dich   mit den Augen

toto pro toto!

ich möchte, dass mein Körper im Zentrum
steht, und nur zufällig handelt es sich um einen
Körper mit als weiblich geltenden Attributen.
Zufällig und zentral, mein Körper. Zufällig, weil
ich zufällig als Frau geboren wurde und zentral,
weil es mein Körper ist und ich keinen anderen
habe

keinen anderen habe, als der, der in einer für
ihn extrem gefährlichen, Gewalt antuenden
Gesellschaft aufgewachsen ist und lange ge-
braucht hat, bis er sich traute, Raum einzuneh-
men, in der Welt, im Text, mit dem Text

der darauf aber nicht reduziert werden will

der selbst Norm ist, als weißer, christlich so-
zialisierter, nicht behinderter, und somit extrem

gefährlicher, Gewalt antuender Körper

der altert, Falten bekommt, hängende Haut, der jeden Tag mit der Verunregelmäßigung der Regel rechnet (ich nenne sie Menstruation, und sie ist keine Verunreinigung), mit dem Beginn der Schweißausbrüche, der Perimenopause (mit oder ohne *Krankheitswert*), während ich in diesem lustvollen Körper als sexuelles Wesen in der gesellschaftlichen Wahrnehmung aus der Vorstellung zu kippen beginne

kipp!

fall!

aus der Norm in die Norm aus der Norm

homoerotisch heteroerotisch autoerotisch poetoerotisch und andere Tische, *a'rein* und *a'raus*, Foucault erwähnt in seinen Werken mit keinem Wort die Existenz der Klitoris, niemand ist vor dem Verschweigen sicher, außer der von Haus aus wohlhabende, gebildete, nichtbehinderte WASP, aber irgendetwas vergesse ich bestimmt

lande in der Falle, der Identitätsfalle, mäandere zwischen Benennung und Selbstverständlichkeit, egal nicht egal, intersektional

he, Norm, verorte dich, benenne dich, dann

können wir vielleicht miteinander ins Gespräch kommen

....

aber wer sucht hier überhaupt das Gespräch? Wer ist diese Person mit der Unlust, der Lust, dem Schmerz, dem Raum, dem Traum? Zurück zum Über-mich: Als Mädchen geboren, erzogen, mich umgeschaut, gehadert, als Junge wahrgenommen worden, mich als Junge definiert (*ottodéfinition*), gesucht, mich nicht gefunden, mich in der Pubertät verloren, Mädchensein nicht meins, Jungesein nicht meins, Jungs begehrt, Mädchen begehrt, nur mich selbst nicht angefasst! In der Schule der Ruf, verdorben zu sein, weil ich bei den „Sextests", die wir verfassten, die besten Ideen hatte, so verderbt! In Wirklichkeit gedarbt, Orgasmus nur im Traum, in Wirklichkeit raus aus dem Körper, Anorexie, dann Desanorexie, mit Männern zusammen, Schnitt — radikalfeministische, separatistische, lesbische Szene (damals noch FrauenLesbenSzene genannt): Zuhause für meinen damaligen Körper, wäre ich 30 Jahre später geboren worden, ich wäre womöglich trans, auf jeden Fall nicht binär. Mich also als lesbisch definiert, lange mit Frauen zusammen, sehr lange und glücklich mit einer Frau zusammen, Schnitt — j'ai foutu ma vie en l'air, (et celle d'une personne aimée) — Krise, Trennung, Trümmer, Schmerz — kann es ein heterosexuelles Coming-out geben? Ein bisexuelles? Zählt die Geschichte, zählt die Gegenwart? Kann ich mit 50 noch cis-werden? Ich habe 50 Jahre gebraucht, um mich eins mit meinem Körper zu fühlen! Nie war ich so einverstanden mit mir wie mit 50. Mit meiner Lust. Meinem Begehren. Meiner Sexualität. Aber auch nie so verletzlich, nie so nah an meinem Schmerz, an den Wunden, am Wunder. Am Sprachwunder! Entgrenzung des Körpers, des Ichs, der Sprachen, Lebendigkeitsgewinn, Lustgewinn! Verlustgewinn: Gewissheiten weg, Zugehörigkeit weg, Geborgenheit weg und Sicherheit weg: So viele Zweifel! Wofür habe ich gekämpft? Kann ich mich noch queer nennen? Ist es legitim, über Lust zu schreiben, wenn sie heterosexuell begehrt? Aber begehre ich heterosexuell? Begehre ich noch lesbisch, wenn ich Frauen begehre, begehre ich bi? Begehre ich bisexuell, bilingual, bio? *Tu eres sexual regardless*, sagt der Freund, dem gegenüber ich klage, ich sei nicht hetero genug für die Heterowelt und nicht homo genug für die Homowelt. Like: Mehr Blicke regardless! Und abgesehen davon: Ist heterosexuelles Begehren wirklich so selbstverständlich oder nicht vielmehr eine bestimmte Heterosexualität, in der Frauen die ihnen zugewiesene Rolle einnehmen? Denn tun sie es nicht, sind sie dick, alt, haarig, zotig, hungrig, lustvoll, laut, riskieren sie Rauswurf, körperliche Gewalt

aus der Norm in die Norm aus der Norm

....

die Lust liest sich das alles durch und macht mir eine Szene: Wieso die Norm, hast du was mit der Norm am Laufen? Es sollte doch um mich gehen! Sie stürmt vorwärts, verlangt einen Platz in der Welt, will gesehen werden, will Macht über sich selbst, will mächtig sein, will Macht uneingeschränkt

will Baubo sein

zeigt ihre ungezügelte, umzüngelte, züngelnde Lust, Baubo schickt Klitpics!

und gleich zeigt man auf sie, macht sie zügig mundtot, schneidet ihr die Lippen ab, die Zunge, den Zorn, die Klitoris

interdite devant tant d'interdit

---

sprachlos vor so viel Gewalt

dire l'inter-dit, ich schnapp mir die Sprache, spreche aus, was sprechend unterbricht, sich mein Zeigen verbittet

mir mein Zeigen verbietet

auftritt die Scham: tststs, sagt sie, da sorg ich schon dafür, dass du dir das selbst verbietest! Bist du nicht ein bisschen alt für einen Text wie diesen, ist das nicht anachronistisch? Und dann all diese persönlichen Geschichten, gehen niemanden etwas an, du machst dich lächerlich! Findest du ein Wort wie Geborgenheit hier wirklich passend, und erst Recht das Wort Schmerz, pathetisch! Fehlt nur noch die Liebe, hahahaha, und kannst du auch was mit Liebe?

schreib niemals über Liebe. Zeige niemals deine Abhängigkeit von Anderen, von ihrer Anerkennung und ihrer Zuwendung. Zeige niemals deine absolute und unstillbare Bedürftigkeit

hab ich zu viel von mir gezeigt, zu viel von meinen Zweifeln, hab ich das Falsche gezeigt, bin ich zu laut geworden, hab mir zu viel Raum genommen, bin ich zu viel? Gehört sich das (gehör ich mir? wer hört mir zu?), und ist das, was ich produziere, überhaupt Lyrik?

lü lü lü lü lü lürik

la la la la la lass lieber sein

tja, frohlockt die Scham, du kriegst die Lust nicht ohne mich

Hände weg, Hände hoch, Lust, du bist umzingelt

Baubo Baubo Baubo Bobo

....

peut-être un petit peu trop fragile

....

Lust ist bedürftig, Lust ist tragisch, und zeig ich mich und meine Lust, mach ich mich angreifbar, lächerlich. Red ich von Liebe, ohne das Wort *Plastikstuhl* zu erwähnen, mach ich mich lächerlich. *Todas as cartas de amor são/ Ridículas*

Liebesgedichte sind lächerlich, erst Recht, wenn sie Entliebesgedichte sind

ridicule, von lat. ridiculosus: angenehm, lustig. Ris de mon cul!

wenn ich schreibe, zeige ich mich, riskiere, nicht gehört, verlacht, verstoßen zu werden. Riskiere, alles zu verlieren. Gehe durch den Text auf die Welt zu wie auf eine·n Geliebte·n, mit der gleichen Mischung aus Freude und Bangen, die der Ungewissheit entspringt, *l'état d'écriture est un état amoureux*.

wenn ich schreibe, habe ich Lust auf die Wör-
ter, auf ihre Beschaffenheit, ihren Rhythmus,
ihren Klang, und manchmal überkommt mich
dabei die Lust auf mich selbst, ich springe vom
Schreibtisch auf, werf mich aufs Bett, treib's mit
mir selbst, geh zurück zum Schreibtisch, treib's
weiter mit dem Text, der ans Du gerichtet ist, an
ein großes, unbestimmtes Du, niemand schreibt
für sich allein. Ohne das Du da draußen kein
Text. Das Du ist immer schon im Text

wenn ich schreibe, will ich von Dir gehört
werden, will deine Aufmerksamkeit, will, dass
Du dich mit meinem Text beschäftigst

le désir dans le texte, c'est toujours le désir de
l'autre

· ·

toi, my toy, mon jouet mon jouer mon jouir,
und toitoitoi, mein Dach, ach! meine Axt, hasch
mich, ich bin der Hauptgewinn, kein Ding, dein
Ding, mein Ding

wer ist my, wer ist mon, wer ist mein moi
mich ich?

*Ich ist sie Ich ist er Ich ist nichtbinär Ich ist nicht bin
er Ich ist Du Ich ist Sie Ich ist wir Ich ist uns Ich ist dein
Hund! Ich ist der Schatten deines Hundes Ich ist Brel. Ich*

ist Brezel. Ich brennt. Ich flennt. Ich hat seinen Einsatz verpennt. Mensch, Ich!

Ich stehe zum Ich, ich stehe auf dich, ich steh auf!

I'm not the/ Fresca or/ the Buddha/ or the bird. I'm/ the ice/ that cracks/ I'm really/ feeling it/ now

Du ist Müllers Esel, Du ist Müllers Kuh, Du ist der Baum vor dem Fenster, Du ist der Wind auf meiner Haut, Du ist das rauschende Fest, Du ist ein zerknülltes Papier, Du ist das Schrillen der Straßenbahn in den Schienen, Du ist der Ozean, Du ist in mir, Du ist um mich herum, Du ist meine Sonnenbrille, Du ist der Leberfleck an meinem Knie, Du ist meine Brustspitze, ist mein Buchregal, Du isst gerne Salzzitronen

ob er er ist/ ob du du bist/ ob ich ich bin? Sicher bin ich/ kein Sternenfresser

warum sollte ich ich sein? Warum Du Du? Genau wie im Traum bin ich im Gedicht viel mehr als in der Prosa alles, *et bientôt, vous êtes l'arbre,* bin das Ich und das Du, bin der Apfelbaum bin das Adjektiv bin der Artikel bin das Abtönungspartikel bin die Konjunktion bin das Komma bin der Punkt auf dem i

le moi est une illusion: le bilingue le sait. Il est hybride comme les mots en lui. Wenn mein Körper in jeder Sprache ein anderer ist, eine andere Stimmlage, Mimik, Gestik, andere Gepflogenheiten hat, kann ich niemals ich sein, Ich ist eine Illusion, Du ist eine Illusion

warum also dieses Misstrauen dem Ich und dem Du im Gedicht gegenüber (merkwürdigerweise nicht dem Wir, von dem ich mich bedrängt, vereinnahmt fühle, vereinnahmt? Man hat mich schließlich nicht gefragt, ob ich lesend dazugehören will): Ich und Du sind genial, ohne grammatikalisches Geschlecht, ohne Hautfarbe, ohne sexuelle Orientierung, ohne Desorientierung, ohne körperliche Beschaffenheit, sind fünf Buchstaben und ohne Kontext nicht einzuordnen, nicht mit Sicherheit zuzuordnen, sind Phantasie, Projektion, brauchen Definition

sind wie geschaffen für die Dekonstruktion der Norm

das Gedicht ist wie geschaffen für die Dekonstruktion der Norm

(schon wieder die Norm, sagt die Lust und zieht sich beleidigt zurück. Recht hast du, Lust! Bleib! Es geht weiter! Es geht um dich!)

je öfter ich ich sage, desto weniger ist ich ich,
ich halte mir mein Ich vom Leib! Ich einverleibe
mir dein Du! Je öfter ich Du sage, desto weniger
ist Du Du. Ein Wort, zig-mal ausgesprochen, das
seine Form verliert, seinen Sinn, nur noch klingt

was gehört sich? was gehört mir?

mein Körper ist nie ganz meiner, ich berühre
mich selbst nur von außen, bin schon immer das
Andere, *là où je me touche toi*

ohne Gemeinschaft kein Individuum

um meine Lust zu spüren, brauche ich Dich,
das Du zieht die Lust in den Text, das Du ist im-
mer schon im Text, das Du ist der Igel!

oh, *meine Lust auf Pronomen!*

ich ich ich ich ich ich ich ich ich ich ich ich ich
ich ich ich ich ich chiche quiche

du du du du du du du du du du du du du du du
du du du du do do do doux doudoune

. . . .

da wechselt die Sprache die Sprache!

oh, mon désir de dire dir dear! lust lingert in
between, ist nie auf der ligne, schon eher im linge,
im longing, im langue in, languir, lange gierig,
längst lunge, ist list und lastet, lüstet und lästert,
löst auf, lässt lustig, last nie, ist what get's lost,

lost es aus, lest! L'este, i presto, y esto, estoy your
toy boy, estou o teu boi girrrl in görlitz

oh, meine Lust auf Kalauer!

die mir nicht bewusst war, bevor man sie mir
bescheinigte, ich war erstaunt: Aber ich will doch
nur spielen! Unter dem Transparentpapier liegt
die französische Sprache, schimmert durch mit
ihren Gleichklängen, ihrer Unmöglichkeit zum
Nicht-Sprachspiel, und was in der deutschen
Sprache schon als zu viel gilt, ist es im Französi-
schen noch lange nicht, auch ich zähle mich zur
calembourgeoisie, ich klaube Kalauer aus Sprachen,
klaue Klangspiele, die am Rand des Erlaubten
kauern

was erlaubt Kalauern?

alle Dinge, die mit großem Ernst getan werden,
bewegen sich auf dem schmalen Grat zwischen Erhaben-
heit und Lächerlichkeit. Wichsen zum Beispiel, aber auch
Buddhismus, Hochzeiten, Trennungen, Yoga, Brathähn-
chen

schnell schnell, ein Sprachspiel!

Herz Schmerz Scherz – das kann doch kein
Zufall sein!

hinter dem Kalauer kann ich mich ver-
stecken, wenn mir das Über-mich zu viel wird,

wenn ich die Erhabenheit nicht aushalte, die Lächerlichkeit nicht aushalte, statt Lachhaftigkeit Lachen

auf was lauert der Kalauer?

auf meine Lust am Spiel, meine Lust am Spiel der Wörter miteinander, am Spiel des Klangs, des Sinns, das in den Unsinn führt. Der Kalauer ist die Hallebarde der Hallodris, der Hallodile, der Hidalges, die gegen die Windmühlen der Verzweiflung über diese Welt kämpfen, stark und verletzlich zugleich, ach, am Ende doch ridícula

aber Vorsicht, der Kalaueraushaltegrenzwert ist in der deutschen Kultur sehr niedrig, hohe Kalauerinzidenz mindert den Poet·innenwert auf dem Dichtungsmarkt

schnell schnell, eine andere Sprache!

ich lade den Text auf mit mehrsprachigem Sinn, dehne die Sprache mit sich und mit anderen Sprachen, darauf haben die Sprachen gewartet, warn schüchtern und gehen jetzt in die Breite! Treiben es miteinander! Was ist lustvoller als sich hinterhersteigende Sprachen, ganz gaga davon, ganz go go go

als genügte dem Klang der Raum der einen Sprache nicht mehr, in der er sich bisher von Wort

zu Wort gehangelt hatte, als wäre er an die Sprach-
grenze gestoßen und würde nun überlaufen zur
befreundeten Sprache, die Gelegenheit ergreifen,
nach weiteren Wörtern in anderen Sprachräu-
men zu greifen mit überbordender Lust

lange bin ich früh schlafen gegangen, lange hatte
ich meinen Körper, die Sprachen, die Lust im
Griff, lange habe ich meine Mutter- und Vater-
sprache sorgfältig voneinander getrennt, *bloß
keine sprach-/ übergreifenden Schlenker, immer schön/
den Lenker geradeaus*, fürchtete, als nicht dazuge-
hörig entlarvt zu werden, fürchtete die Lust der
Sprachen aufeinander, meine Lust an der Welt,
meine Lust tout court

mais maintenant se courent après, les mots,
se font la cour sonore, werfen sich die Klänge zu
wie Pingpongbälle, oh belle, my bell now starts
to ring, my belly sings

als hätte die Aufhebung der Sprachgrenzen, die
Verwandlung eines Körpers, der mehrere Sprachen
spricht, in einen Körper, der mehrere Sprachen
mischt, auch die Grenzen dieses Körpers erwei-
tert, und wie er in die Welt zu treten wagt, der
Scham entgegenzutreten wagt, sich zu zeigen
wagt in seiner Lust im Text im Leben, das Text ist

nichts mehr im Griff

parler bilingue, man spricht nie nur eine Sprache, selbst wenn die Erstsprache verloren gegangen ist, ist sie *die Lunge des Wals*, atmet durch die Zweitsprache weiter, und wer der Minderheit angehört, die mit nur einer Sprache aufgewachsen ist, spricht doch immer schon die Sprache des anderen beim Kommunizieren, und die Körpersprache beim Sprechen, *on ne parle jamais qu'une seule langue, on ne parle jamais une seule langue*

was machen die Sprachen mit dem Gedicht? Was macht das Gedicht mit den Sprachen? Gedichterweiterung, Spracherweiterung, Gedichtsprachenerweiterung, dickere Gedichte! Jetzt noch mehr! Jetzt noch mehr Wörter! Jetzt noch mehr Körperwörter!

....

Möse Menstruation Uterus Vulvalippen Vagina Klitoris Mösensäfte Menopause Ejakulation Squirten Vulvahaare in einem Gedicht zu verwenden, ist noch immer Provokation, liegt alles im Schamvorsilbenbereich. Will ich provozieren? Ich will das Namenlose beim Namen nennen, will umbenennen oder das, was nicht genannt wird, aussprechen

——————

LUST

mein holdgelocktes Bullelein/ mein nimmersattes
Schlündelein/ mein Rosalippen-Fotzelein

als Frau meinen Körper benennen (der jahr-
hundertelang von Wissenschaftlern als etwas
Defizitäres, nur als Abklatsch zum Mann Exis-
tierendes definiert und benannt wurde), als Frau
den Körper des anderen benennen (mich er-
mächtigen), mein Begehren, meine Lust benen-
nen (Flittchen, das ich bin, schlampige Madonna),
benennen, was ich da tue mit mir oder dem an-
deren Körper (das hätte ich als Mädchen, als
junge Frau gerne gelesen)

hier wird die Lust ungeduldig, schnäuzt sich,
schnaubt, komm mal zur Sache, Schätzchen, bla-
blabla benennen, alles gut, aber was ist mit Sex?
Wie kann man in einer Sprache Sex haben, die keine drei
brauchbaren Worte für Sexualorgane kennt? Wie
kann man in einer Sprache über Sex schreiben,
die keine drei brauchbaren Worte für Sexualor-
gane kennt? Die kein Verb für bander, für jouir
kennt? Ich werde erregt, ich bekomme eine
Erektion, komme zum Orgasmus. Oder der
Orgasmus zu mir? Ich bandiere, laufe aus, orgas-
miere, klitorisier mich! Klitorisiert euch! Weitet
den Wortschatz mithilfe der anderen Sprachen!

und dachte, seit der Moderne könnte alles ins Gedicht, die Zahnbürste, der festgeklebte Kaugummi, der Aprikosenkern, aber der konkrete Körper mit seinen Flüssen und Ausflüssen, das ist dann doch zu igitt, konkreter Sex, *Saft und Sauerei*, schon steht die Scham wieder da und triumphiert, das hat im Gedicht nichts zu suchen, das ist pornographisch, du schreibst über Huren hu hu

he he, antworte ich, kann ein Wort pornographisch sein? Wo verläuft die Grenze zur Erotik? Liegt Erotik zwischen den Zeilen, während Pornographie nur zeigt, und nicht verweist? Dann gäbe es aber keine pornographische Kunst, weil Kunst immer auf eine Idee „dahinter" verweist. Ist Shunga pornographisch? Was ist mit dem Fresko aus Pompeij, auf dem eine Frau selbstbewusst ihren Liebhaber reitet? Im Mittelpunkt der Darstellung steht, stolz die Betrachter·in anblickt: Ist das Pornographie oder Utopie?

und wenn du das Wort Möse vorliest, sehe ich immer, wie die Zuhörer·innen nach Luft schnappen, und ich frage mich, ob sie an dem Wort hängen bleiben und die Wörter danach verpassen aber ich will Möse schreiben, antworte ich, will Möse sagen, Möse vorlesen, ich mag das Wort Möse, womöglich, weil es nach Moos klingt, nach Körper, mögen, hören, vögeln, *je t'oiseau*, ich schreibe über meine 874 km lange, maßlose Meuse, und schon schwimmt die Möse auf der Meuse davon, die Zuhörer·innen können aufatmen

schlägt der Sprachenspagat der Scham ein Schnippchen? Meiner Scham, die auch die Scham der Zuhörer·innen ist? Ich schlüpfe im Moment der Scham in eine andere Sprache oder lasse mich ins reine Klangverstehen treiben

aus Schaulust wird Hörlust, das Gedicht als Ort des Klingens

womöglich stören die Wörter mehr als der Körper selbst, der uns in dieser Gesellschaft sowieso ständig nackt von überall her anstarrt, womöglich verstören die Wörter im Gedicht stärker als im Prosatext, weil sie sich nicht so leicht zwischen den anderen Wörtern verstecken können, und weil die Idee vom Gedicht noch immer eine hehre ist

ein Gedicht darf erotisch sein, aber pornographisch? Ich mag es nicht, wenn man meine

Gedichte erotisch nennt. Vermeidungswort,
das mich ins rosa Kästchen stecken möchte,
nennt sie lieber raro, nennt sie roh, nennt sie rot

nennt sie über-mich-trieben, überkalauert,
sprachübergeifernd, nennt sie zornig oder zotig,
findet mich lachhaft oder loustic, aber bitte

....

....

....

schreibt Heere von Gedichten mit Lust!

....

l'intimité imminente m'intimide
(notes sur la lettre I)

need nid si ici parti
pris plis please lied
me nie lieber lieb me heat
lid between linnen find fließen sinn
silben von sinnen please hear
me hier innen split me into
pieces give friede mit befingern mit
lick me risque biss risk riss tickt

richtig mein trickster flippt easy please
please me bitte cling to my clit klingt
wie splittern wie bitte limite me mit
lippe in mitte mit stippen visite my
hipster hip sister tears tear me my
dear to the sea mich zieh mich
an mich aus ziel auf mich spiel
spiel spiel spill dich
in mich will dich will
fill will ring will rise will rire
dire deer into your ear my silly
me spins liquid sins spinnt
sinnt insists thinks
he she me
weeps lists sinks

Alle kursiven Passagen in diesem Text sind Zitate[1]:

Hilda Hilst, Jacques Lacan, Dinçer Güçyeter, Odile Kennel, Jacques Derrida, Douglas Diegues, Anne Sexton, Hélène Cixous, Roland Barthes, Georg Steiner, Swantje Lichtenstein, Luiza Neto Jorge, Roberto Bolaño, Wikipedia, WHO, Jo Frank, Álvaro Calderón, Jean-Luc Nancy, Lea Schneider, Alain Souchon, Tillmann Severin, Álvaro de Campos, Julia Kristeva, Eileen Myles, Hans Arp, Charles Baudelaire, Christian Zeimer, Juliane Liebert, Marcel Proust, François Grosjean, Violet Grigoryan, Jean Portante, Gerashim Luca

Vorläuferinnen dieses Textes finden sich auch in der Black Box:

https://verlagshaus-berlin.de/6745-2/
https://verlagshaus-berlin.de/odile-kennel-ich/
https://verlagshaus-berlin.de/odile-kennel-monolinguales-schreiben-in-einer-multilingua-len-welt/

---

1   in der Reihenfolge ihres Auftauchens; nicht immer in ihrer Sprache. Die Übersetzung stammt dann von der Autorin. Jede·r Verfasser·in ist nur einmal aufgeführt

Das Gedicht „l'intimité imminente m'intimide (notes sur la lettre i)" stammt aus dem Band: Odile Kennel: *Hors Texte*. Verlagshaus 2019.

....
....
....
....
....
....
....
....
....
....
....
....
....
....
....
....
....
....

....
....
....
....
....
....
....
....
....
....
....
....
....
....
....
....
....
....

LUST

Weitere Publikationen in der Edition Poeticon:

ANTHROPOZÄN – Daniel Falb, ISBN: 978-3-945832-05-9

BEUGUNG – Christian Metz, ISBN: 978-3-945832-42-4

FILM – Jan Volker Röhnert, ISBN: 978-3-940249-74-6

GELD – Katharina Schultens, ISBN: 978-3-945832-04-2

GESCHICHTE – Jan Kuhlbrodt, ISBN: 978-3-940249-80-7

GESCHLECHT – Swantje Lichtenstein, ISBN: 978-3-940249-81-4

GRUPPENDYNAMIK – Bertram Reinecke, ISBN: 978-3-940249-82-1

SCHAM – Lea Schneider, ISBN: 978-3-945832-48-6

SCHÖNHEIT – Crauss., ISBN: 978-3-940249-71-5

SCHREIBEN – 2 Notizhefte (liniert), ISBN: 978-3-940249-42-5

TANZEN – Martina Hefter, ISBN: 978-3-940249-72-2

TIER – Mikael Vogel, ISBN: 978-3-945832-41-7

TRADITION – Tobias Roth, ISBN: 978-3-940249-70-8

WIR – Monika Rinck, ISBN: 978-3-945832-06-6

ZEICHNEN – 2 Notizhefte (unliniert), ISBN: 978-3-945832-11-0

POETISIERT EUCH.